MANFRED VOLLMER

MEIN REVIER

EIN VIERTELJAHRHUNDERT IM BILD

DAS RUHRGEBIET
VON 1965 BIS 1989

KLARTEXT

Mein Revier – Ein Vierteljahrhundert im Bild
Manfred Vollmer

1. Auflage 2012
Klartext Verlag, Essen
ISBN: 978-3-8375-0866-6
Produktion: Wolfgang Berke/medienbüro -ruhr-
Druck und Bindung: Wilco, Amersfort, NL

Manfred Vollmers komplettes Archiv analoger Fotografie aus den Jahren 1965 bis 2002 befindet sich seit 2006 im Fotoarchiv Ruhr Museum.

Titelfoto: Herne, Revierpark Gysenberg, Herbst 1970

Manfred Vollmers Revier

So stellt man sich das Revier der 1970er und 1980er Jahre vor: die Menschen im Alltag, bei der Arbeit und in der freien Zeit, die Landschaft mit gigantischer Industriekulisse am Horizont, die Verkehrswege, die Siedlungshäuser.

Manfred Vollmers Bilder sind Botschafter eines Reviers, das so und ähnlich in vielen Köpfen existiert. Für ihn als sozial engagierten Fotografen steht „Der Mensch im Mittelpunkt", wie eine seiner Publikationen heißt. Das sind vor allem die arbeitenden Menschen, unter Tage und über Tage, emotional eng verbunden mit ihrer Arbeitswelt, stolz auf ihr Können, für ihre Rechte kämpfend. Vollmer war immer nah am Geschehen und er wählte Themen, die er über lange Zeiträume verfolgte – wie etwa die Schicksale der frühen Gastarbeiter. Dadurch entstanden Zeitdokumente, visuelle Belege für Zustände, an die man sich mittlerweile oft weniger genau erinnern möchte, als die Fotos sie aufzeichnen.

Vollmer war sowohl im Auftrag für Zeitungen und Zeitschriften als auch aus eigenem Interesse unterwegs; er galt und gilt als der Spezialist für die Arbeitswelt des Reviers. Das Buch zeigt, dass Vollmer aber keineswegs nur dort zu Hause war, sondern auch ein Auge hatte für die besondere Welt der Kinder und Jugendlichen, für Moden und Manieren. Und wer so viel fotografiert hat, kann dann auch Typologien zusammenstellen: Hände, Fenster, Fragen, Emotionen – Bilder, die zu vergleichendem Sehen auffordern und zeigen, dass Vollmer sich bei allem Ernst angesichts existenzieller Themen manchen Objekten vor der Linse auch mit Humor genähert hat.

Überblickt man die Bildstrecke, wird Vollmers Anliegen deutlich, das Ruhrgebiet der 1970er und 1980er Jahre trotz oft harter Lebensbedingungen als sehr menschliche Welt und solidarische Gemeinschaft zu zeigen, in der jeder einen Platz finden konnte. Vollmer repräsentiert die für diese Zeit typische Sichtweise der sozialdokumentarischen Fotografie, sein Werk bereichert das Spektrum der Bilder, die im Fotoarchiv des Ruhr Museums aufbewahrt werden und die naturgemäß auch andere Perspektiven auf die Lebenswelt des Ruhrgebiets zeigen.

Dr. Sigrid Schneider
Leiterin des Fotoarchivs Ruhr Museum, Essen

Geschichten erzählen

Die Fotos von Manfred Vollmer ziehen jeden Betrachter sofort in ihren Bann. Sie halten nicht nur einen Moment fest, sondern fesseln durch die Frage, die sie uns stellen, die Geschichte, die sie erzählen, oder die Behauptung, die in ihnen steckt.

So wird der Betrachter durch die Position, den Ausschnitt oder die Perspektive, die Manfred Vollmer wählt, unwillkürlich zur Reflexion angeregt. Manfred Vollmer hat für „Mein Revier" aus seiner unerschöpflichen Fotofülle besondere Motive ausgewählt, die nach klaren, kurzen Überschriften thematisch sortiert sind. In ihrer Anordnung erhalten sie Bezüge, die sie in Realität vielfach nicht haben.

So entwickeln sich weitere Erzählperspektiven zwischen den Fotografien, wenn etwa im Kapitel „Oben" der an Fronleichnam in den Himmel sinnierende Bischof Hengsbach (1972) mit der Ansicht eines jungen Mannes kombiniert wird, der auf einer überlangen Leiter das Dach eines Zechenhauses in Bergkamen erklimmt (1978). Wer darüber sinniert, dem wird bald bewusst, wie nah das eine dem anderen ist, auch wenn es zunächst so erscheint, als ob nur auf dieser Buchseite das Ungleichzeitige als Gleichzeitiges präsentiert würde.

Das Ruhrgebiet wird über zweieinhalb Jahrzehnte seines Wandels in „schwarz-weiß" nachgezeichnet. Doch umso mehr werden wir zu Augenzeugen der Zwischentöne, die in all ihren grauen Schattierungen anklingen. Humorvoll oder nachdenklich, ironisch oder melancholisch – die Spannbreite der Emotionen ist groß.

So sind Manfred Vollmers Abbilder der Realität schon jedes für sich anrührend. Doch vor allem ihre Auswahl und die Kombination in diesem Buch sind wahrlich kunstvoll.

Prof. Dr. Oliver Scheytt
Geschäftsführer der RUHR.2010

Duisburg, Straßenszene, August 1965 [1]

Duisburg, vor Thyssen-Hochofenwerk Hamborn, Juni 1977

Duisburg, Straßenszene, August 1965 [1]

Essen, Barkhof-Siedlung, Januar 1977 [2]

Essen, Barkhof-Siedlung, Januar 1977 [2]

Bergkamen-Rünthe, Zechensiedlung, November 1978 [3]

Essen, April 1980 [4]

Bergkamen-Rünthe, Zechensiedlung, November 1978 [3]

Essen, Barkhofsiedlung, Januar 1977 [2]

Essen, Gute Stube, Januar 1977 [2]

Gelsenkirchen, Gastarbeiter-Unterkunft, Oktober 1971 [5]

Essen, Kohleheizung, März 1980

Bochum, Januar 1973 [6]

Gelsenkirchen, Mai 1980 [7]

Mülheim, September 1985

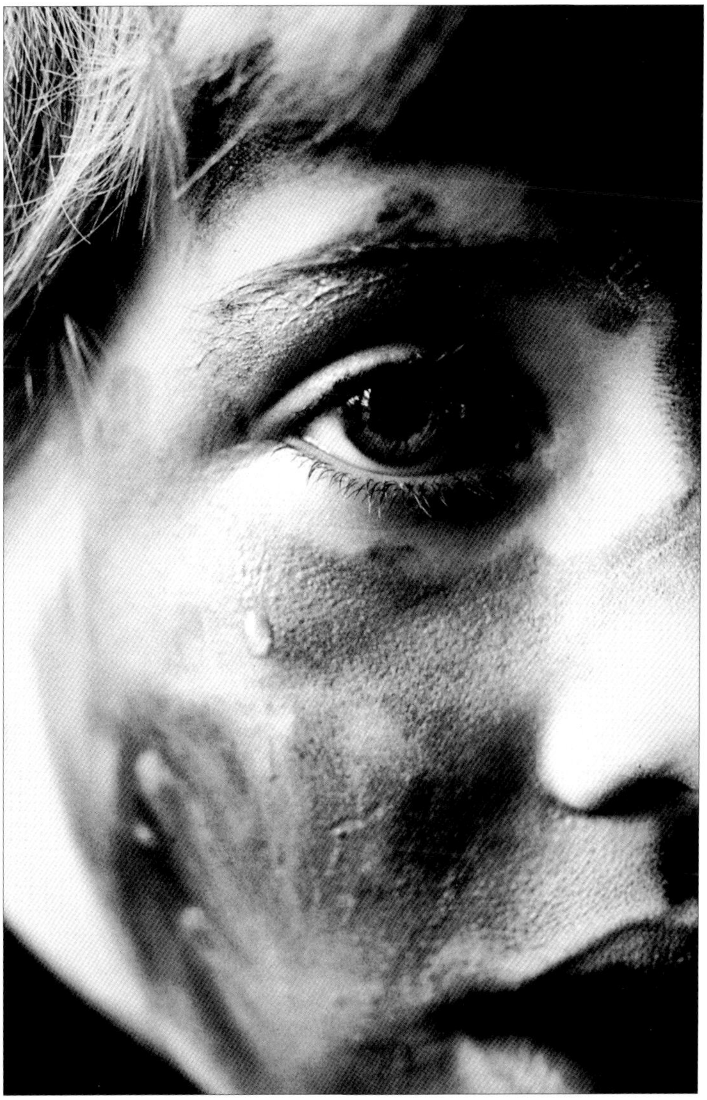

Essen, Februar 1982

Essen, März 1982

Duisburg, Oktober 1983

Essen, Tankwartlehrling, Mitte 1969

Bochum, April 1986 [8]

Oberhausen, Demo für Ausbildungsplätze, März 1987 [9]

Essen, Januar 1982

Bochum, April 1986

Herne, Revierpark Gysenberg, Herbst 1970 [10]

Herne, Revierpark Gysenberg, Herbst 1970 [10]

Bochum, Kemnade International, Juni 1976 [11]

Hattingen, Henrichshütte, April 1987 [12]

Duisburg, Krupp Rheinhausen, November 1988 [13]

Dortmund, Lehrwerkstatt Stadtwerke, Mai 1984 [14]

Essen, Barkhofsiedlung, Januar 1977 [2]

Bergkamen, November 1978 [4]

Essen, Dezember 1976 [15]

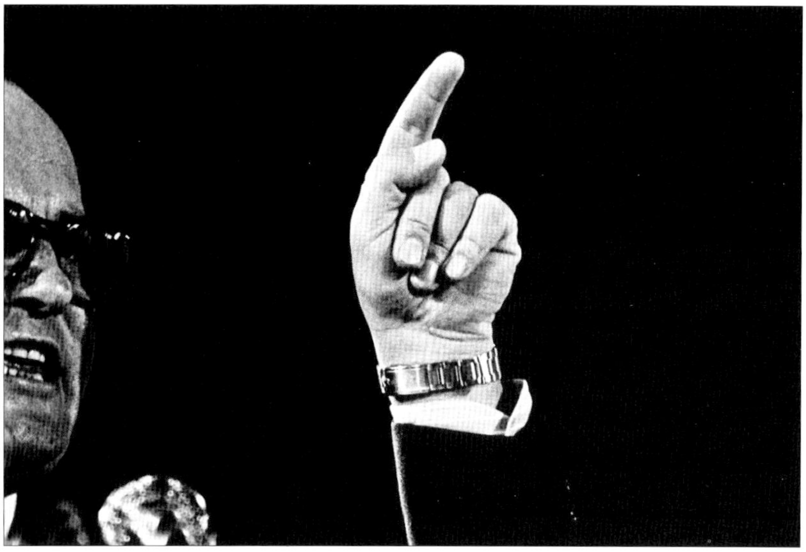

Essen, Kundgebung, Januar 1971 [16]

Essen, Mahnwache, November 1983 [17]

Duisburg, blindengerechter Arbeitsplatz bei Thyssen, November 1983 [18]

CBX

Bochum, Vereinsheim
Blue-White-Punk, April 1986 [8]

Essen, Fronleichnam, Juni 1977

Duisburg, Qualifizierungszentrum Rheinhausen, September 1989 [19]

Essen, German Pop-Festival, Februar 1974 [20]

Mülheim, Mai 1977

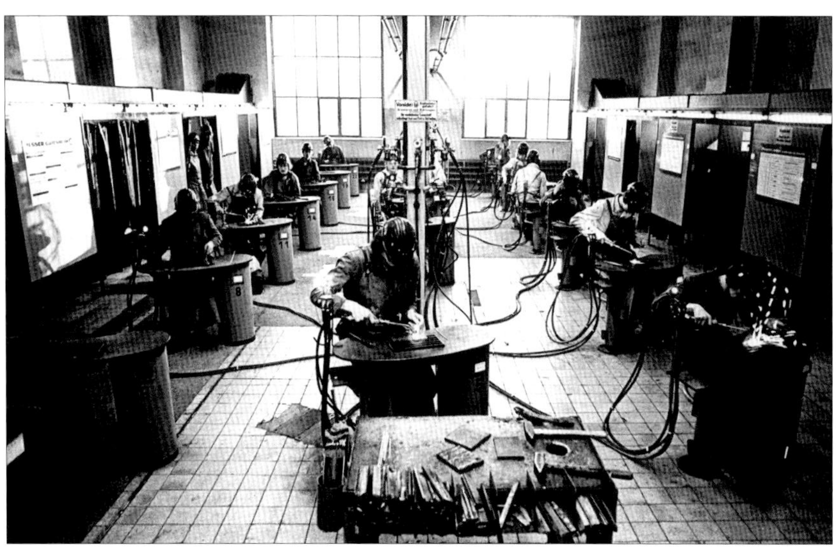

Recklinghausen, RAG-Lehrwerkstatt, November 1978 [21]

Mülheim, Gesamtschule,
November 1978

Oberhausen, Zeche Osterfeld,
Juni 1979

Oberhausen, Berufsschule,
März 1982 [22]

Mannesmann-Auszubildende, Juni 1986 [23]

Essen, Maler-Nachwuchs, Mai 1984

Essen, Gymnastik, Februar 1974

Essen, Freundinnen, Januar 1982

Duisburg, Thyssen, November 1978

Mülheim, Gesamtschule, September 1985

Duisburg, Thyssen, Juni 1987 [24]

Essen, Grugahalle, März 1980 [25]

Duisburg, Brücke der Solidarität, Januar 1988 [26]

Rhein
ArbeitsplaTze statt ArbeitsLose
35
BÜTÜN ÜLKELERIN
ISCILERI BIRLESIN!
IG Metall

Bochum, Opel, Juni 1984 [27]

Bochum, Dezember 1985 [28]

Gelsenkirchen, Solidaritätskundgebung, Januar 1982 [29]

Hattingen, September 1983 [30]

Essen, Oktober 1971 [31]

Bochum, Opel, Juni 1984 [32]

Essen, Villa Hügel, Dezember 1987 [33]

Gelsenkirchen, Revierpark Nienhausen, November 1978

Essen, Hauptbahnhof, März 1977

Bergkamen, Zeche Monopol, November 1981

Bergkamen, Zechensiedlung, November 1978 [3]

Essen, Fronleichnam, Juni 1972 [34]

Dortmund, Hoesch, August 1989 [35]

Bochum, Sternwarte, Mai 1970 [36]

Dortmund, Zeche Gneisenau, November 1978

Duisburg, Meidericher Schiffswerft, September 1986 [37]

Oberhausen, Zeche Osterfeld, Juni 1979

Oberhausen, Zeche Osterfeld, Juni 1979

Dortmund, Zeche Gneisenau, November 1978

Dortmund, Zeche Gneisenau, November 1978

Duisburg, Thyssen, November 1982

Bochum, Krupp Stahl, Juni 1987 [38]

Bochum, Krupp Stahl, Oktober 1985 [38]

Bochum, Krupp Stahl, Juni 1987 [39]

Hattingen, Henrichshütte, September 1987 [40]

Menschenkette durchs Ruhrgebiet, Bochum, Februar 1988 [41]

Duisburg, Thyssen, Kokillenguss, November 1978 [42]

Bergkamen, Zeche Monopol, November 1981

Duisburg, Krupp-Hüttenwerk Rheinhausen, Februar 1979

Oberhausen, Zeche Osterfeld, Juni 1979

Duisburg, Krupp Rheinhausen, Januar 1988 [43]

Bottrop, Zeche Prosper-Haniel, Mai 1987 [44]

Essen, Kettwiger Straße,
Mai 1978 [45]

Oberhausen, Zeche Osterfeld, Juni 1979 [46]

Bochum, Krupp Stahlwerk, Oktober 1985

Essen, Arbeitsamt, November 1989

Essen, Barkhofsiedlung, Januar 1977 [2]

Dortmund, Westfalenhallen, Mai 1981 [47]

Essen, Januar 1977 [2]

Essen, Barkhofsiedlung, Januar 1977 [2]

Bochum, April 1979

Essen, Rhein-Herne-Kanal, Juni 1965

Duisburg, Kleingärten, Juli 1984

Essen, Gruga, Oktober 1965

Duisburg, Kleingartenfest, August 1984

Duisburg, Kleingartenfest, August 1984

Essen, Krupp-Lehrwerkstatt, Oktober 1969

Recklinghausen, Lehrwerkstatt RAG, November 1978

Oberhausen, Berufsschule, März 1982

Oberhausen, Berufsschule, März 1982

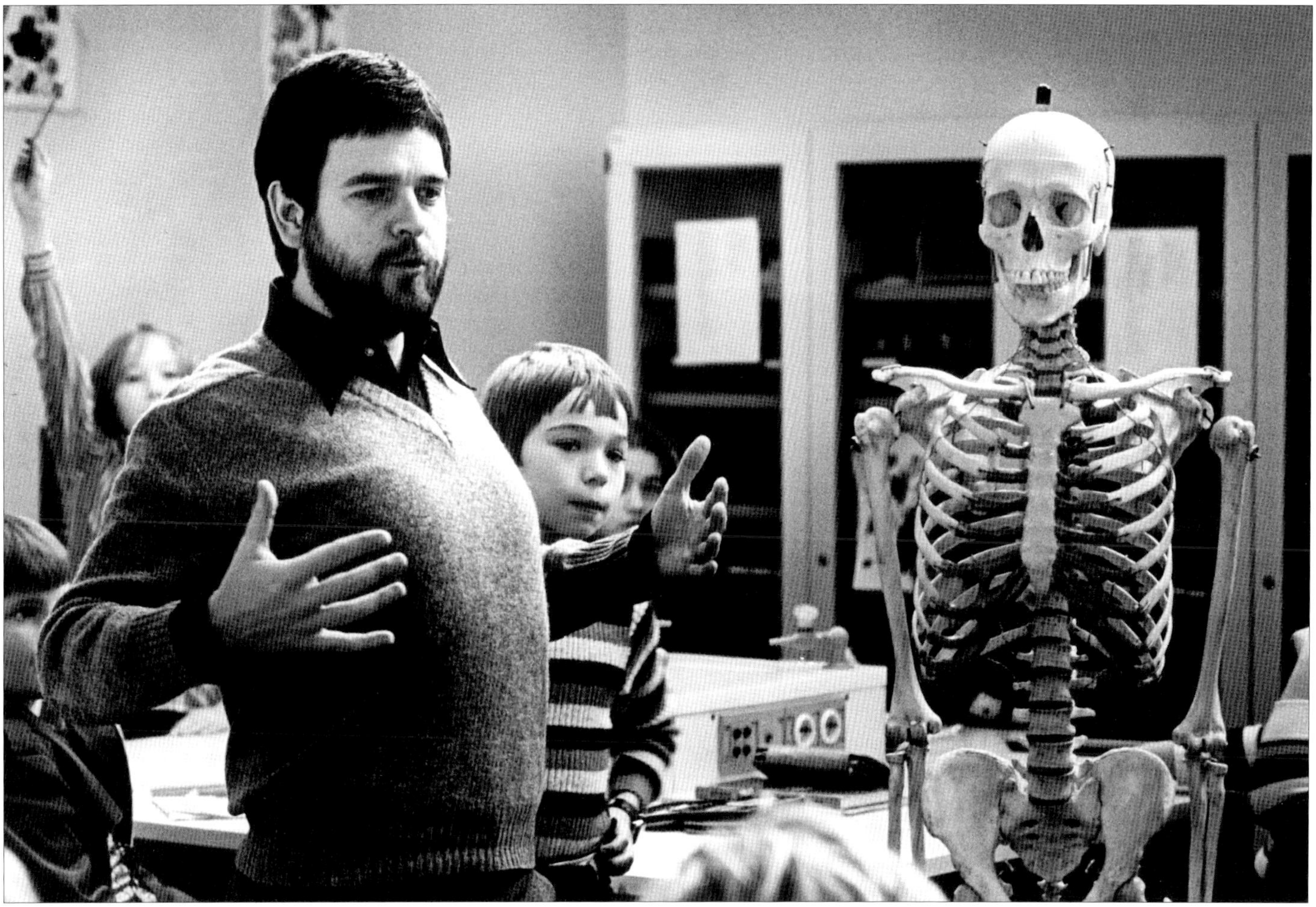

Mülheim, Gesamtschule, November 1978 [48]

Bochum, Ruhr-Universität, September 1984 [49]

Oberhausen, Revierpark Vonderort, November 1978 [50]

Mülheim, Thyssen, Februar 1983 [51]

Essen, Selbstunterricht, August 1977 [52]

Duisburg, Berufsschule, Dezember 1984

Duisburg, Friemann & Wolf, August 1988 [53]

Essen, AEG-Kanis, August 1982 [54]

Essen, Fernheizung, März 1982

Duisburg, Krupp Rheinhausen, Juni 1987 [55]

Mülheim, Gesamtschule, Juni 1978 [56]

Hattingen, Henrichshütte, letzte Schicht, Dezember 1987 [57]

Hattingen, Henrichshütte, Juni 1987 [58]

Dortmund, Tarifrunde Stahl, Januar 1988 [59]

Hattingen, Henrichshütte, Februar 1987 [60]

Duisburg, Krupp Rheinhausen, November 1987 [61]

Duisburg, April 1988 [62]

Hattingen, Demonstration Mönninghoff, Mai 1983 [63]

Hattingen, Demonstration Mönninghoff, Mai 1983 [63]

Dortmund, Westfalenstadion, April 1987 [64]

Mülheim, Gesamtschule, August 1985 [65]

Dortmund, Mai 1980 [66]

Hattingen, Mönninghoff, Betriebsversammlung, Januar 1984 [67]

Essen, vor der Villa Hügel, Dezember 1982 [68]

Bochum, Opel, Juni 1984 [69]

Essen, Leithe-Schule, August 1976

Gelsenkirchen, Küppersbusch, Juni 1982 [70]

Essen, AEG Kanis, Oktober 1988

Dortmund, Hoesch, Mai 1983

Duisburg, Tarifrunde Metall, Mai 1986

Essen, August 1976 [71]

Wetter, Juli 1986

Essen, Wahlkampf, August 1976 [71]

Oberhausen, März 1989 [72]

Duisburg, Brücke der Solidarität, Mai 1988

Essen, Smog, Januar 1982 [73]

Essen, Smog, Januar 1982 [73]

Essen, Bauhof, April 1983

Essen, Sonntagsfahrverbot, November 1973 [74]

Essen, Sonntagsfahrverbot, November 1973 [75]

Essen, Kettwiger Straße, September 1975

Bochum, Kemnade International, Juni 1976 [11]

Essen, A 42, Juni 1971 [76]

Essen, Wohnheim, Oktober 1971 [77]

Bochum, April 1986 [8]

Duisburg, Februar 1985

Essen, März 1982

Duisburg, Dezember 1982

Duisburg, Thyssen-Hochofenwerk Hamborn, Mai 1977

Essen, Grugahalle, Januar 1981 [78]

Bochum, Ruhr-Universität, April 1979 [79]

Essen, Kutel, März 1970 [80]

Essen, Kirmes, April 1976 [81]

Essen, Koksanlieferung, Mai 1978

Essen, U-Bahn Station Saalbau,
Oktober 1970

Dortmund, Karstadt,
Oktober 1980

Dortmund, Zeche Gneisenau,
November 1978 [82]

Essen, Hauptbahnhof,
März 1983

Essen, Zeche Zollverein, letzte Schicht, 23. Dezember 1986 [83]

Gelsenkirchen, Solidaritätskundgebung, Januar 1982 [29]

Hattingen, Kundgebung Mönninghoff, Juni 1984 [84]

Duisburg, Hochofenwerk Meiderich, Oktober 1987 [85]

Duisburg, Hochofenwerk Meiderich, Oktober 1987 [85]

Essen, Zeche Carl Funke, Juli 1984 [86]

Bochum, Krupp, Januar 1988 [87]

Duisburg, Hochofenwerk Meiderich, Oktober 1987 [85]

Duisburg, Hochofenwerk Meiderich, Oktober 1987 [85]

Essen, Zeche Zollverein, Dezember 1986 [83]

Duisburg, Rückkehrhilfegesetz, Februar 1984 [88]

Duisburg, Rückkehrhilfegesetz, Februar 1984 [88]

Bildhinweise

[1] Diese beiden Fotos entstanden im Rahmen einer Serie „Kinder im Ruhrgebiet".

[2] Szene in der Barkhofsiedlung in Essen-Katernberg. Die Bergarbeitersiedlung der längst stillgelegten Zeche Wilhelmine Victoria wurde in den Jahren 1890 bis 1901 erbaut. Als die Aufnahmen im Januar 1971 entstanden, sollte die Siedlung abgerissen werden – eine Bürgerinitiative hat sich vehement und erfolgreich gegen den Abbruch gewehrt. Das Foto ist eine Aufnahme aus einer umfangreichen Serie über das Leben in der Barkhofsiedlung. Am Rande: In der Barkhofsiedlung wurde Essens berühmter Sohn Helmut Rahn geboren.

[3] Aus einer Serie von November 1978 über die Bergarbeitersiedlung Bergkamen-Rünthe, wo zu diesem Zeitpunkt umfangreiche, vom Land NRW geförderte Sanierungsmaßnahmen stattfanden.

[4] Kundgebung der „Arbeitsgemeinschaft der Arbeitersiedlungsinitiativen im Ruhrgebiet" am 12. April1980 vor der Grugahalle Essen anlässlich der Wahlkampferöffnung der SPD in NRW.

[5] Aus einer Serie über die Wohnsituation von ausländischen Arbeitnehmern (damals noch „Gastarbeiter" genannt): Eng, feucht, nur mit dem Allernotwendigsten ausgestattet – Unterkunft für spanische Arbeiter einer Essener Baufirma.

[6] Sonntägliches Fußballmatch in Bochum-Weitmar – im Hintergrund die Kühltürme des Kraftwerks Springorum, das Ende 1980 stillgelegt wurde.

[7] Landwirtschaft vor der Kulisse des Kraftwerks Scholven in Gelsenkirchen, eines der leistungsstärksten Kohlekraftwerke Europas.

[8] Aus einer Serie über „Blue White Punk", einer ehemaligen VfL-Bochum-Fangruppe, vor dem von der Stadt zur Verfügung gestellten Clubheim.

[9] In Oberhausen waren drei Viertel der 4.000 Arbeitsplätze bei der Thyssen Stahl AG durch die beabsichtigte Schließung der Profil- und Drahtstraße gefährdet – die Ausbildungsplätze sollen entsprechend reduziert werden. Aktion der Auszubildenden „Rostige Zukunft – Jugend klagt an" mit einem Protestmarsch zur Stadthalle Oberhausen.

[10] Im Jahr 1970 wurde vom SVR (Siedlungsverband Ruhrkohlebezirk), dem Vorläufer des heutigen RVR (Regionalverband Ruhr), der Revierpark Gysenberg gegründet. Er war der erste von fünf Parks dieser Art im Ruhrgebiet. Die Idee war, den Freizeitwert im industriell geprägten Ruhrgebiet zu erhöhen. Neben weitläufigen Grünanlagen finden sich in den Revierparks vielfältige Sportanlagen. Die Aufnahme entstand kurz nach der Eröffnung.

[11] Szene während der dritten Auflage des Folklore- und Kulturfestes „Kemnade International" auf dem Wasserschloss Kemnade.

[12] Arbeitskampf um den Erhalt der Thyssen-Henrichshütte in Hattingen. Am 23. April 1987 wird eine Menschenkette von über 5.000 Hattingern – Stahlarbeiter, Polizeibeamte, Hausfrauen, Schüler, Einzelhändler, Pfarrer etc. – gebildet: Sie schützen ihre Hütte. 4,6 Kilometer reicht die Menschenkette von der Koster- bis zur Ruhrbrücke. An diesem Tag protestiert nicht nur die von der Schließung bedrohte Belegschaft, sondern eine ganze Stadt.

[13] Krupp Hoesch Stahl AG Duisburg Rheinhausen: Kühlbett der Stranggießanlage des Stahlwerks im November 1988.

[14] Lehrwerkstatt Stadtwerke Dortmund – Auszubildende im gewerblichen Bereich (Elektriker).

[15] Das Händchen des ältesten Fotografensohnes – noch keinen Monat alt – in der Hand seiner Mutter.

[16] Der mahnend erhobenen Zeigefinger von Rainer Candidus Barzel auf einer Kundgebung auf dem Kennedyplatz in Essen.

[17] Essen, Kettwiger Straße: Mitglieder des „Vereins der Arbeiter aus der Türkei Essen e.V." protestieren gegen die aus ihrer Sicht nur scheinbar demokratischen Wahlen in der Türkei im Oktober 1983.

[18] Sozialbetriebe/Werkstatt für Behinderte bei Thyssen Stahl AG Duisburg – ein blinder Abteilungsleiter beim Erstellen von Akten in Blindenschrift.

[19] Das Qualifizierungszentrum Rheinhausen soll die Ausbildungskapazitäten auch nach der Schließung von Krupp Stahl AG Rheinhausen erhalten. Ziel ist eine zukunftsorientierte Ausbildung, die Jugendliche für einen sich wandelnden Arbeitsmarkt vorbereiten soll.

[20] „German Pop Meeting" unter anderem mit den Gruppen Atlantis, Birth Control, Karthago, Nektar, Epitaph, Kraan, Guru Guru, Embryo, Doldingers Passport, Eloy, Scorpions, Kin Ping Meh, Wallenstein, in der Messe Essen.

[21] Recklinghausen, Ausbildungszentrum Grullbad der Bergbau Lippe AG: Auszubildende lernen Schweißen.

[22] Oberhausen, Jugendliche beim Aufnahmetest der Elektroinnung.

[23] Protestdemonstration von ca. 700 Auszubildenden der verschiedenen Standorte der Mannesmann Röhrenwerke (auch HKM Duisburg) gegen Nicht-Übernahme, Abbau von Ausbildungsplätzen etc. vor dem Mannesmann Hochhaus in Düsseldorf.

[24] Arbeitskampf um die Thyssen-Henrichshütte Hattingen. Nach den am 19. Februar 87 bekanntgewordenen Plänen sind 2.900 Arbeitsplätze gefährdet – Hochöfen, Stahlwerk und Grobblechstrasse sollen stillgelegt werden – Großkundgebung am 23. Juni 1987 in Duisburg vor der Thyssen Stahl AG Hauptverwaltung.

[25] Szene während einer Kundgebung des Deutschen Bauernverbands für eine stärkere Anhebung der EG Agrarpreise. Motto: „Gerechtigkeit für Bauern = Leistungsstarke Landwirtschaft – Gesunde Umwelt und Sicherheit".

[26] Duisburg-Rheinhausen: Kampf um den Erhalt des Hüttenwerkes Rheinhausen der Krupp Stahl AG 1987/88. Nach einem Vorstandsbeschluss, der Ende November 87 bekannt wurde, sollte die Hütte komplett geschlossen werden. In einem beispiellosen Arbeitskampf wehrte sich die Belegschaft gegen diese Beschlüsse. Großkundgebung aller Stahlbetriebe am 20. Januar 1988 mit Taufe des Veranstaltungsortes Rheinbrücke auf den Namen „Brücke der Solidarität".

[27] Kalte Aussperrung bei Opel Bochum: Aktion von ca. 6.000 Opelarbeitern als Protest gegen die bislang noch nicht erfolgte Auszahlung des Kurzarbeitergeldes für die bei Opel kalt Ausgesperrten durch das Arbeitsamt – trotz gegenteiliger Gerichtsurteile. Das Bild zeigt den Marsch der Opelaner zum Arbeitsamt.

[28] Szene während einer Protestaktion von Bochumer Müllwerkern gegen die geplante Änderung des § 116 AFG zu Ungunsten der Arbeitnehmer.

[29] Gelsenkirchen: Solidaritätskundgebung und Schweigemarsch für die Mitarbeiter des Thyssen-Werkes „Schalker Verein", wo etwa 1.000 Arbeitsplätze durch den Aufsichtsratsbeschluss vom 13. Januar 1982 (Stilllegung des letzten Hochofens, weitere Rationalisierungsmaßnahmen) bedroht sind. Zu der Veranstaltung auf dem Hauptmarkt in Gelsenkirchen hatte der OB der Stadt Gelsenkirchen, Werner Kuhlmann, aufgerufen.

[30] Für die Metaller und Stahlarbeiter ist der Kampf um den Erhalt ihrer Arbeitsplätze und um die 35-Stunden-Woche eine Antwort auf die Krise im Revier: „Arbeitszeit verkürzen heißt Arbeitsplätze schaffen". Kundgebung in Hattingen gegen die Schließung der Grobblechstraße der Thyssen-Henrichshütte.

[31] „Aktion Roter Punkt": Demonstration gegen Fahrpreiserhöhung am 30. November 1971 in Essen. „Aktion Roter Punkt" nannten sich eine Reihe von Protestaktionen in vielen Städten der Bundesrepublik in den Jahren 1968–1971, bei denen gegen Fahrpreiserhöhungen im öffentlichen Nahverkehr demonstriert wurde.

[32] wie [27] Protestkundgebung bei Opel Bochum.

[33] Duisburg-Rheinhausen: Kampf um den Erhalt des Hüttenwerkes Rheinhausen der Krupp Stahl AG 1987/88. Demonstration vor und in der Villa Hügel in Essen während einer Aufsichtsratssitzung.

[34] Ruhrbischof Franz Hengsbach (1910 -1991) während der Fronleichnamsprozession.

[35] Hoesch Stahl AG Verzinnungs- und Verchromungslinie.

[36] Heinz Kaminski, Gründer und Leiter der Sternwarte Bochum. Kaminski war einer der ersten, die kurz nach dem Start am 4. Oktober 1957 die Signale des ersten künstlichen Erdsatelliten Sputnik 1 empfangen konnten.

[37] Meidericher Schiffswerft: Schweißen in schwieriger Lage.

[38] Krupp Stahl AG Bochum 120 t UHP Elektrolichtbogenofen.

[39] Krupp Stahl AG Bochum Warmbreitbandstraße.

[40] Thyssen Henrichshütte Hattingen – Blick auf Hochofen 3. Das Aus für diesen Hochofen kam am 18. Dezember 1987.

[41] Menschenkette von Krupp-Rheinhausen in Duisburg bis zur Hoesch-Westfalenhütte in Dortmund am 23. Februar 1988, am Vorabend der Montanrunde bei Bundeskanzler Helmut Kohl: Mehr als 80.000 Menschen demonstrierten eindrucksvoll für die Zukunft der Montanindustrie im Ruhrgebiet.

[42] Thyssen AG, Stahlwerk Duisburg Hamborn. Guss des fertigen Stahls in Kokillen.

[43] Duisburg Rheinhausen, Mahnwache am Tor Eins: Besuch von Tatort-Schauspieler Götz George (alias Schimanski) im Vordergrund, mit Eberhard Feik (alias Tanner) links im Bild, in der Mitte der BR -Vorsitzende Manfred Bruckschen.

[44] Papstbesuch im Ruhrgebiet: Johannes Paul II in Bottrop auf der Zeche Prosper Haniel am 2. Mai1984 mit Ruhrbischof Franz Hengsbach.

[45] Bundeskanzler Helmut Schmidt (SPD) nach seinem Auftritt auf der zentralen Maikundgebung des DGB am 1. Mai 1978 auf dem Essener Burgplatz. Der RAF-Terror machte die schwer bewaffnete Bewachung des Bundeskanzlers notwendig.

[46] Fördermaschinenraum der Zeche Osterfeld. 1990 beschloss die Ruhrkohle AG den Zusammenschluss der Zeche Osterfeld mit der benachbarten Zeche Lohberg zum „Bergwerk Lohberg-Osterfeld". Der Förderstandort Osterfeld sollte aufgegeben, das restliche Grubenfeld von Zeche Lohberg aus abgebaut werden. Dieser Zusammenschluss wurde 1992 vollzogen.

[47] Szene während der Weltausstellung der Rassehunde in den Dortmunder Westfalenhallen.

[48] Szene während einer Biologie-Unterrichtsstunde des 5. Jahrgangs an der Gesamtschule der Stadt Mülheim an der Ruhr, seit 1982 Gustav-Heinemann-Gesamtschule.

[49] Einführungsveranstaltung für Studienanfänger im Auditorium Maximum.

[50] Der Revierpark Vonderort ist ein Freizeitpark in Oberhausen an der Grenze zu Bottrop. Er wurde vom Regionalverband Ruhr 1974 als dritter von insgesamt fünf Revierparks gegründet.

[51] PAISY (=Personalabrechnungs- und Informationssystem) bei der Thyssen Giesserei AG in Mülheim/Ruhr: Datenerfassung an Bildschirmarbeitsplätzen.

[52] Türkische Familie in Essen-Katernberg: Die Tochter hilft dem Vater beim Lernen der deutschen Sprache.

[53] Duisburg Friemann & Wolf Grubenbeleuchtung, Batteriesysteme, Notstromversorgungs- und Beleuchtungssysteme.

[54] Herstellung von Gasturbinen für Erdgasleitungen: Szene in der Montagehalle. Die Auslieferung der damals produzierten Gasturbinen für eine Erdgasleitung in der UdSSR verzögerte sich aus politischen Gründen.

[55] Besuchergruppe vor der 850-er Profilstraße im Hüttenwerk Rheinhausen der Krupp Stahl AG.

[56] Schüler eines 5. Jahrgangs im Englischunterricht beim Betrachten von Videos eigener Rollenspiele.

[57] Der Thyssen Stahl-Konzern verkündete im Februar 1987: Die beiden Hochöfen, die 4,2-Meter Grobblechstraße, das Elektro-Stahlwerk und die Stranggießanlage der Henrichshütte sollen stillgelegt werden. Nach zwölf Monaten erbitterten Kampfes für den Erhalt der Hütte und für die Schaffung von Ersatzarbeitsplätzen war am 18. Dezember 1987 die letzte Schicht für Hochofen 3.

[58] Am 23. Juni 1987 kam das befürchtete Aus für die Henrichshütte in Hattingen. Der Aufsichtsrat der Thyssen Stahl AG beschloss mit den Stimmen der Anteilseigner und der Stimme des neutralen Mannes, des Ex-Bundespräsidenten Walter Scheel, die Stilllegung der Hütte.

[59] Tarifverhandlung 1987/88 in der Stahlindustrie: Stahlarbeiter im Verhandlungssaal bekräftigen die Forderung nach 5% mehr Lohn und nach Einführung der 35-Stunden-Woche.

[60] Arbeitskampf um die Thyssen Henrichshütte Hattingen: Der Thyssen-Vorstandsvorsitzende Heinz Kriwet wird auf dem Weg zur Aufsichtsratsitzung von aufgebrachten Beschäftigten beschimpft.

[61] Duisburg-Rheinhausen, Kampf um den Erhalt des Hüttenwerkes Rheinhausen der Krupp Stahl AG 1987/88: Krupp-Chef Gerhard Cromme wird bei dem Versuch, die Belegschaft von der Notwendigkeit der Pläne zu überzeugen, mit Eiern beworfen.

[62] Duisburg-Rheinhausen, Kampf um den Erhalt des Hüttenwerkes Rheinhausen der Krupp Stahl AG 1987/ 88: Szene während des Solidaritätsfestes „Rheinhausen ist überall".

[63] Die Mönninghoff GmbH mit Werken in Hattingen und Bochum, in denen 1983 1.000 Arbeiter und Angestellte beschäftigt waren, gehörte zum Bochumer Bomin-Konzern, der 1983 Vergleich anmelden musste. Damit bestand die Gefahr, dass das Hattinger Flanschenwerk in den Vergleich einbezogen wurde. Der Arbeitskampf von Belegschaft und IG Metall mit Arbeitsniederlegungen, Torwachen etc. führte nach zehn Tagen dazu, dass die Hausbanken die Kreditlinien wieder freigaben. Das Land NRW bewilligte einen landesverbürgten Kredit. Die Produktion lief weiter. Während einer Kundgebung kam die Nachricht „Mönninghoff ist gerettet!"

[64] Aus einer Fotoserie über einen blinden Fan von Borussia Dortmund beim Revierderby Borussia Dortmund – Schalke 04. Jubel beim 1:0.

[65] Verabschiedung einer Lehrerkollegin an der Gustav-Heinemann-Gesamtschule Mülheim.

[66] GE-WE-BE „Gemeinnützige Werkstätten für Behinderte in Dortmund GmbH" Schloß Westhusen: Arbeitsgemeinschaft Schwimmen.

[67] Nach der vorläufigen Rettung (siehe [63]) geriet die Flanschenfabrik Mönninghoff Anfang 1984 erneut ins Trudeln, nachdem die kreditgebenden Banken mitteilten, dass sie dem Unternehmen keine reelle Überlebenschance mehr gaben, und der vorläufige Vergleich angemeldet wurde. Die gewerkschaftliche Interessenvertretung entwickelte mit den Beschäftigten das „Hattinger Modell": Ein gemeinnütziger Belegschaftsverein sollte zusammen mit weiteren potenziellen

Geldgebern über eine Fortführungsgesellschaft das Unternehmen weiter betreiben. Die Beschäftigten während der Ausführungen des Konkursverwalters. Danach beschloss die Belegschaft den Betrieb zu besetzen.

[68] Duisburg-Rheinhausen, Kampf um den Erhalt des Walzwerkes des Hüttenwerkes Rheinhausen der Krupp Stahl AG 1982: Die Krupp-Arbeiter marschieren zur Villa Hügel nach Essen: Szene während der Kundgebung vor der Villa Hügel.

[69] Kalte Aussperrung bei Opel Bochum – siehe [27]. Der Betriebsratsvorsitzende Günter Perschke informiert die Kollegen.

[70] Gelsenkirchen, Küppersbusch: Protest gegen den drohenden Arbeitsplatzabbau – gefährdet sind ca. 600 Arbeitsplätze.

[71] Essen, Bundestagswahlen 1976: Szene während einer CDU-Unterstützungs-Veranstaltung der „Föderation für Weltfrieden und Vereinigung" auf der Kettwiger Straße am 28. August 1976.

[72] Am Rande einer Veranstaltung der NRW-CDU („Aufbruch im Revier") in der Stadthalle Oberhausen.

[73] Smog über der Innenstadt Essen. Über dem ganzen Ruhrgebiet bildete sich bei völliger Windstille eine Dunstglocke mit den Abgasen aus Auspufftöpfen, Schloten und Kaminen. Ein Fahrverbot wurde nicht verhängt. Gemäß Alarmstufe I gab es lediglich Appelle, das Auto stehen zu lassen. (Quelle: Wikipedia)

[74] Am Sonntag, 25. November 1973, ruhte in der gesamten Bundesrepublik zum ersten Mal der Straßenverkehr. Wegen der „Ölkrise" hatte die sozial-liberale Bundesregierung Geschwindigkeitsbegrenzungen und Sonntagsfahrverbote erlassen. (An Werktagen galt auf Landstraßen 80km/h und auf Autobahnen 100km/h.) Seit dem Ende des Jom-Kippur-Kriegs einen Monat zuvor (25. Oktober 1973) hatten die in der OPEC organisierten arabischen Staaten ihre Erdölförderung reduziert und die Preise drastisch erhöht. (Der Heizölpreis stieg daraufhin von 12Pf/l auf 70Pf/l). Blick auf die leere A 40 in Essen. (Quelle: Wikipedia)

[75] wie [74] – „Fußgängerzone" Freiheit in Essen.

[76] A 42 (Emscherschnellweg) im Bau: Situation mit ungeklärten Grundstücksfragen im Kreuz Essen Nord.

[77] Wohnheim für ausländische Arbeiter in den Gebäuden der ehemaligen Zeche Adler in Essen-Kupferdreh.

[78] Bodybuilding Profi-World-Cup des Verbandes Deutscher Hantelsportler.

[79] Die Ruhr-Universität Bochum wurde 1962 gegründet, der Lehrbetrieb (Ingenieurwissenschaften) wurde 1965 aufgenommen. Die RUB wurde als Campus-Universität in Bochum-Querenburg („auf der grünen Wiese") erbaut und hat heute über 35.000 Studierende. Blick auf einen Teil des weitläufigen Geländes.

[80] Das „Kutel" war zwischen 1969 und Anfang der 1990er Jahre ein großer Milchproduktionsbetrieb in Essen-Fischlaken an der Hammer Straße. Es war der größte Betrieb dieser Art in Europa mit bis zu 2.000 Kühen. Es gab Ställe mit Freianlagen, Lagerhallen und das beliebte Melkkarussell, in dem die Kühe gemolken wurden. Dort konnten Besuchergruppen und Schulklassen von einer Galerie aus zuschauen.

[81] Frühjahrskirmes auf dem Gildehofplatz in Essen.

[82] Dampffördermaschine der Zeche Gneisenau: Das Steinkohlenbergwerk Gneisenau, zeitweise eines der größten Europas, schloss 1985 als vorletzte Dortmunder Zeche.

[83] Letzte Schicht auf Zollverein: Mit der Schließung der Zeche Zollverein verlor Essen, einst größte Bergbaustadt Europas, seine letzte Zeche. Szene während und nach der Ausfahrt der letzten regulären Schicht am 23. Dezember 1986, Schachtanlage Zollverein 3/10.

[84] 29. Juni 1984: Letzte Schicht bei Mönninghoff. Die Belegschaftsmitglieder ziehen zur Dresdner Bank in Hattingen und setzen einen Sarg mit der Aufschrift ab: „Das grüne Band der Sympathie hat uns erdrosselt." Zuvor hatten Vertreter des Kreditinstituts das „Hattinger Modell", also die Fortführung der Flanschenfabrik, verhindert (siehe auch [63] und [67]).

[85] Aus einer Fotoserie über das 1985 endgültig stillgelegte Thyssen Hochofenwerk Meiderich. Die Hochöfen 1 und 2 wurden bereits 1982 stillgelegt. Die drei erhaltenen Hochöfen (1,2 und 5) bilden heute den Mittelpunkt des 1994 eröffneten, im Rahmen der IBA Emscher Park entstandenen Landschaftsparks Duisburg-Nord.

[86] Zeche Carl Funke am Essener Baldeneysee: Mehr als zehn Jahre nach der Stilllegung des Verbundbergwerks Pörtingssiepen/Carl Funke im Jahr 1973 wurden die Tagesanlagen ab 1984 abgebrochen. Nur das Fördergerüst Schacht Carl Funke 1 blieb als Industriedenkmal erhalten.

[87] Bochum, Krupp Stahl AG: Abbruch der Hallen des bereits 1982 stillgelegten Siemens-Martin-Ofens.

[88] Rund 900 türkische Arbeitnehmer der Mannesmannröhrenwerke Duisburg machten von dem Angebot einer Abfindung nach dem Rückkehrhilfegesetz der Bundesregierung Gebrauch: Mit den Angehörigen verlassen etwa 4.500 Menschen innerhalb weniger Wochen Duisburg-Hüttenheim.

Warum es dieses Buch gibt.
– Von Zeitreisen, schicksalhaften Wendungen und Meta-Ebenen –

Bevor Manfred Vollmer und ich uns 2004 bei der Arbeit an unserem ersten gemeinsamen Buch kennen lernten, waren wir uns schon etliche Male über den Weg gelaufen. Ohne dass wir es wussten. Er mit der Kamera. Ich mit Block und Stift. Während ich meine Brötchen bei diversen Print-Medien verdiente, war Manfred Vollmer als „Freier" und Unabhängiger unterwegs, der er heute immer noch ist. In den 1980er Jahren war das, als das Schicksal uns zwar zur selben Zeit an den selben Ort brachte. Es aber andererseits verhinderte, dass wir uns damals schon begegneten.

Seitdem hatte ich so manchen Vollmer in der Hand. Fotos von den Brennpunkten des Ruhrgebiets. Von starken Emotionen und Erschütterungen. Aber auch Fotos vom Großen, von Visionen und der Zukunft. Wann immer man sich intensiv mit dem Ruhrgebiet auseinandersetzen will, begegnet man Manfred Vollmers Bildern zwangsläufig. Kein Wunder, denn Agenturen, renommierte Tages- und Wochenzeitungen sorgten für hohe Verbreitung und entsprechende Publizität.

Viele seiner Fotos sind Zeitdokumente, die sich im Gedächtnis abgespeichert haben. Vor allem die ikonenhaften Bilder, die zum visuellen Synonym für das Sterben der Henrichshütte wurden. Oder für den Aufruhr um Rheinhausen. Oder für eine Sorte Mensch, die ihr Zuhause wegen und trotz allem liebt.

Und neben diesen Bild-Ikonen kennt man noch viele andere Fotos, in denen Manfred Vollmer den Dingen und Ereignissen eine Perspektive gegeben hat. Eine öffentliche Perspektive. So etwa im Gasometer, auf Zollverein. Vor dem Hochofen, im Stahlwerk oder unter Tage.

Insofern war es wirklich schon seltsam, dass wir uns erst 2004 kennenlernten. Seither haben wir drei gemeinsame Bücher produziert und noch bei anderen Projekten zusammen gearbeitet. Stets waren es neue Themen, die wir uns gemeinsam vornahmen. Über die Vergangenheit unterhielten wir uns nur. Bis zu diesem Projekt mit „historischen" Schwarz-Weiß-Fotos.

Welch großartige Zeitreise! Selten habe ich schneller die Zeit vergessen als bei der Sichtung dieser Bilder. Aber es musste auch eine Auswahl getroffen werden, ein nicht ganz schmerzfreier Prozess. Viele Fotos wählten sich selbst aus. Sie waren gesetzt. Weil sie – oft gedruckt – sehr bekannt waren, wie das Ei auf Cromme oder der Papst auf Haniel. Weitere Bilder kamen hinzu. Fotos, die etwas auf den Punkt brachten. Fotos, die ganze Geschichten erzählen konnten. Und Fotos, die tief hinter die Kulissen blickten.

Viele Vollmer-Bilder haben so etwas wie eine Meta-Ebene. Und da passen plötzlich Dinge zusammen, die in dieser Kombination noch nicht da waren. Oder: die sich gesucht und gefunden haben. Und diese Meta-Ebene ist – trotz allem Engagement in der Sache, trotz aller Ernsthaftigkeit der Themen, trotz aller Dramatik des Moments – die Liebe zum Ruhrgebiet und seinen Menschen. Manfred Vollmer sein Revier eben. Den Ruhrgebiets-Genitiv kriegt er ehrenhalber. Weil er sich als gebürtiger Sachse und aufgewachsener Badener mustergültig eingebürgert hat.

Es war mir ein Vergnügen, Herr Vollmer!

Wolfgang Berke
medienbüro ruhr, www.extraruhr.de

Manfred Vollmer

- Jahrgang 1944
- Abitur, 1965-70 Fotografiestudium Folkwangschule Essen bei Prof. Dr. Otto Steinert
- seit 1970 als freier Fotojournalist tätig
- 1979 Erster Preis beim World Press Photowettbewerb Amsterdam in der Kategorie „News Picture Stories"
- zahlreiche Ausstellungen, Ausstellungsbeteiligungen, Buchveröffentlichungen
- Kontakt: mail@manfred-vollmer.de
- Web: www.manfred-vollmer.de